Confucius disait : "On a deux vies. La deuxième commence quand on se rend compte qu'on en a qu'une"
Et il carburait à quoi Confucius ?

W0214325

Alexandra Brijatoff – Claire de Procé-Blanchard

40 ans c'est pas vieux pour un arbre

"Le temps qui passe
est un ami précieux qui nous
dépouille du superflu."

Christian Bobin

Marche à l'ombre

Tu te souviens de ma pote Steph ? Elle passe chez elle hier avant son rendez-vous chez son gynéco. Elle est grave à la bourre et pour se donner un coup de frais, elle se pschitte du déo entre les jambes.
Ouais. Très bizarre.
Dégueuuux

Et là, le gynéco se penche et lui dit : "Dites donc Madame Jobard, on s'est fait une beauté". Elle s'était trompée de bombe et avait pris celle à paillettes pour cheveux. Hi hi hi...
Ambiance fiancée du Père Noël...

Hé mam'zelle, vous avez fait tomber un truc... Vot' sourire !
Hé mam'zelle, z'êtes trop belle avec vot' jupe à pois !

Ça va les filles ? on vous offre un verre ?
Ça va, c'est bon, t'es lourd !

Allez viens mec on s'casse... On va quand-même pas se taper des **vieilles.**
Trop pas. J'arrive...

Panique à l'italienne

Quoiiiii ! tu veux dire là, maintenant, tout de suite !!
Mamaaaan, j'ai trop faim !
Maman, c'est quoiii l'adjectif épithète lièéé !!
MAAAAMAN. Tu peux venir m'essuyer !!

OUI. Faut qu'j'te voie tout de suiiite.
J'te jure. C'est HYPER URGENT
J'ai besoin de toi NOW
viiite
NAAAN, eux pas t'le dire au phone
... TES MÔMES ?
... et ta mère ! ELLE SERT À QUOI ! MERDE

Ben alors poulette... c'est quoi LE DRAME ?

Ben voilà... dans 1 mois, j'ai 40 ans !!! C'est la bascule, le début de la fin. Tout va se casser la gueule. Partir en vrille... Bientôt je serai molle et presbyte, René me quittera pour une plus jeune. Ma fille fera des descentes dans mes placards de fringues pour aller faire la fête. J'vais remplacer mes soirées vodka par des botox party. C'est l'angoisse. Je suis devant un gouffre BÉANT !
OHHHH ! PUTAIIIIIIN

L'étoffe du héros

DRIIING
DRING

Le réveil sonne,

j'enfile mon peignoir,

j'étouffe un cri devant le miroir,

j'embrasse mes enfants dans le noir.

Je vide le lave-vaisselle,

je prépare le petit déjeuner,

j'aide la p'tiote à s'habiller,

Ah zut, Jojo a piscine.

je beurre les tartines…

Je passe l'éponge,

chat
CHAT

je nourris le chat,

SPORT
Piscine

e check les sacs, je donne les manteaux.

Et les dents !

Tant pis pour les dents. Plus le temps !

Ne t'occupe de rien chérie.
C'est moi qui les emmène.
WAOOOUUH Papa
T'es trop beau !
Trop stylé

C'est merveilleux de ne servir à rien. C'est tellement plus beau quand c'est inutil

Le grand saut

Sur le trampoline du Luxembourg, mon fils fait des saltos, des bonds de cabri, des pirouettes cacahuètes. C'est aérien, léger, ça fait rêver... Surtout quand je repère sur un trampo voisin une jeune meuf de 20 ans qui se la pète avec sa jupette qui virevolte dans les airs au même diapason que ses cheveux blonds.

Moi aussi je peux faire de l'air avec mes cheveux !
Laisse maman sauter !
NOOOOON
Siiiii

Je vais sauter plus haut
que la pétasse.
Je quitte mes godasses
et hop là… c'est parti.

Aaaaaaaah
ST'OOOOP

Si je peux même plus faire trois bonds après 72 séances de rééduc' et que je dois croiser les jambes quand j'éternue... C'est injuste. ET DÉGUEULASSE... D'toute façon, j'ai jamais aimé le trampo !
ELI

Lâcher prise

Oh la la, chérie! On s'est fait CAMBRIOLER!
LÂCHE PRISE
CHAT

No worry honey. Dans *PSY MAG*, ils disent qu'à force de tout contrôler, on gaspille notre énergie et notre sérénité. Je suis en mode "lâcher prise".

Elle est LI-BRE Steph

C'est toi la copine de Caro qui a une équipe de foot ?
Tu veux parler de mes 4 merveilles ?
QUAAAAATRE ? Waouh. C'est DIIIINGUE. Mais comment tu fais ? Et... ils sont tous du même père ?
Ben ouais
Et là... c'est son week-end... et tu profites de tes 2 jours de LIBERTÉ ?
Non pourquoi ! On est ensemble. Mais ce soir, il répète avec son groupe.

J'ADOOORE !
C'est tellement BÔÔÔÔÔÔ et tellement RAAAAAARE
Mmmm... et toi ?

2 enfants... 2 mecs, plus de seins... et de nouveau sur le marché. Mais, dis-moi, ton étalon, comment c'est déjà ?
René
Ça veut dire que tu pourrais rester 70 piges avec ton R'né ? Genre, TOUTE TA VIE !
Genre, ça pourrait même durer 100 ans. Avec les progrès de la science, tu sais...
Tu t'offres quand-même un petit 4 heures de temps en temps ?
On s'est pas comprises Bridget. Je ne suis pas là par obligation.
Je l'aime mon René.

Donc... c'est POSSIBLE !!

Blablabla... la piscine

T'as vu le beau gosse dans son moule bite là-bas ? J'crois qu'il nous kiffe.
Mmmmmm. Il a juste 20 ans de moins.
Et alors ?... On se détend du bikini... C'est sympa un peu de séduction.
No way... le Camille Lacour qui mate des tronches de suppos qui ont deux fois son âge, ça pue le plan foireux !
Ou le plan cougar à l'eau de javel.
Ou un petit plan cul pour se choper des verrues.
OK c'est bon. On s'casse.

Le stérilet ou la baudruche

OOOOOH
LA VACHE !
...!!!?
Qui a oublié de me dire
que j'allais prendre 5 kilos
et que je serais criblée
de boutons ?

La méthode ~~Ogino~~ Billings

Attends René, je vérifie si ma culotte colle au plafond et je te dis s'il y a ouverture.
AH NON... là ça me gêne pour la peinture.

La pilule

je l'ai prise
AVANT
de me brosser les dents
ou bien ?

À 20 ans, tu l'oublies, tu crois que c'est normal.
À 30 ans, tu l'oublies, tu tombes enceinte. À 40, tu l'oublies, t'es au bout de ta vi

La collec' de préservatifs

T'as fait des frais
René !
FALLAIT PAS...

Goût grenadine, menthe (fraîcheur de jouir), hot chili (va chercher l'extincteur), les picots (j't'en parle pas), les maxi glissantes...
Rigolo 5 mn, mais ça finit toujours par coller, adhérer, griiiiiincer !

L'anneau vaginal alias
"el calamar"

Est-ce que
24 heures après,
je peux le remettre
tout
desséché ?

Perdu lors d'un rapport dans une couette de 200 par 200.
Sauvé par la femme de ménage quelques heures plus tard. A fini par décéder total desséché sur Marc Lévy posé là sur la table de nuit. Tant pis pour lui.

La lassitude a eu raison
de nos précautions

Chéri, t'es sûr que tu gères lààà ?
Bien-sûr je gère. Qu'est-ce que tu crois baby ?

Mais René baise.
René a déjà oublié que c'est lui qui gère.
René est sur sa lancée et, dans son rodéo infernal…

OUPS
pardon BB...

Forever young I wanna be

Je suis dilatée de joie
Ah ouais ? Raconte...

T'as vu... J'ai des boutons d'acné...
Dégueux.
Mais non. C'est pas dégueulasse. C'est JEUNE.
Nan nan, j'crois pas.

Mais siii. Moi, ça m'a réconciliée avec mes 40 piges. Ça s'appelle L'Acné Juvénile.
Juvénile de rien. C'est pas faute de t'avoir prévenue. Avec les caprices hormonaux, l'apéro saucisson... pas bon ! Ce bouton, tu vas l'exploser comme en 40. Tu vas croire que c'est ok, une croûte et on n'en parle plus. Mais PAS DU TOUT ! Il est ENKYSTÉ le boutard de la vieille. Il met des mois à cicatriser.
What else la jeunette ?

Allez viens, on a UNE HEURE. On nage jusqu'à la dernière bouée jaune. CHICHE !
Euuuuh... ben si tu me cherches, je suis en terrasse...

X2100

Quand j'y pense... !

Lost in digestion

Avant d'avoir des bouches à nourrir, on faisait son marché comme dans les pubs. En sifflotant... tranquille... "Tiens, ça à l'air bon... et zou, dans le Caddie".

Mais la vache a viré folle, le poulet a attrapé la grippe, le maïs s'est OGMisé, et la lasagne surgelée – plat béni du dimanche soir – a convié le cheval dans nos assiettes !

Chaque nouvelle anxiogène fait les affaires des petits producteurs locaux, et des AMAP, principe du panier de légumes de saison qu'on va chercher tous les lundis au pressing.

Sooo

Perso, j'étais à deux doigts de craquer mais la perspective de cuisiner 8 kilos de chou dans la même semaine a calmé mes ardeurs.

Entre les odeurs de cuisson et celle des épisodes digestifs très pénibles pour tous, on s'est dit avec René qu'on allait s'en priver.

ref... je suis retournée à l'hyper.
J'y passais des heures ! Je suis devenue une pro des graisses bouche-artères, des colorants allergènes, des additifs qui entament le QI, de la cuisson à l'alu qui file le cancer et rendent nos mecs chauves. Au café, on me prenait pour une psychopathe. Je ne commandais plus une orange pressée minute mais une orange pressée express... "et si vous pouvez me l'apporter en courant ?". Parce qu'une fois que le jus est dans le verre, 2 minutes après, c'est foutu.
i parlé à René de déménager à la campagne pour cultiver mon lopin de terre nourrir mes poules aux coquilles d'escargot.
Las de vivre avec un ayatollah du bien-manger, il s'est énervé :
"quand on peut s'envoyer 11 vodkas le samedi soir et fumer un bureau de tabac, je ne vois pas comment des courgettes vont renverser la vapeur."
J'ai pensé que ma paranoïa allait briser mon couple, et aussi que rien n'est plus frustrant que de penser à tout sauf à VIVRE.

j'ai pensé à ceux qui n'avaient rien dans leur assiette !
Tant va la cruche à l'eau qu'à la fin ELLE SE BRISE...
Aujourd'hui, je remplis de nouveau mon caddie comme dans les pubs. En sifflotant... il faut dire que j'ai acquis un avantage de taille : je ne peux plus lire les étiquettes. Alors j'ai décidé de faire confiance à mon expérience et à mon instinct, deux atouts fondamentaux qui ne se développent qu'avec les années...
Et je vais rentrer fêter ça avec un bon filet mignon tout rose et tout plein de colorants... hi hi hi... Et vlan dans les dents !
Ehhhh là... vous avancez oui ?

Plus blanc que blanc

hiiiiii
horriiiible.
C'est quoi ce poil
BLANC ?
Ce poil sonne
le glas
de ma jeunesse.

Pétage de plombs

T'as été juste 3 fois à ton cours d'escrime ?
De toute l'année ?!!
Et le prof, il faisait pas l'appel après la cantine ?

Tu fais craquer les cours ?
A 5 ANS !!!
Et à 9, qu'est-ce que tu feras à 9 ans !!!! Tu braqueras une banque ?
Mais RENDS-MOI MA DS !
J'l'ai pas. J'm'en fous de ta DS.
MAMAAAAN Jojo a perdu ma DS et il s'en f...
AÏÏÏÏEEEEEE
Mais t'es une grande malaade de me taper !

STOOOP
Je n'en peux plus de vos cris, de vos disputes, de vos écrans... Vous avez pas compris l'info ?
PAS D'ÉCRAN LA SEMAINE
... hein ? vous êtes bouchés ?

Et hop !
Mais Mamaaaaan !

Mais tu vas TE TAIRE ?
et vas ranger ta chambre. C'est BAGDAD. Et toi, t'as fait tes devoirs pour demain ?
NON ? Rien fait le prodige !!
Je bosse MOI la journée. Je suis fatiguée. Mais naaaaaaan. Ça vous effleure pas le cerveau que j'ai une vie ?
RESPECT ?!!?
Vous connaissez ce mot "RESPECT" ? Est-ce qu'il y a une seule personne ICI qui se demande comment je vais ?

Maman, pourquoi tes fesses elles bougent quand tu t'énerves ?

Je suis complètement
tarée...
Bonne à interner.
Une folle hystérique...

Maman tu es la reine des sirènes
Aussi gracieuse et sympatique
On n'en vend pas dans les boutiques
Tu as des yeux illuminés
De douceur et de beauté
Ton amour et ton bonheur me
Remplient le cœur
Tu m'as donné le rire et le sourire
Mais mamounette je veux te dire
pardon
jojo

T'as entendu parler des coupelles de recueillement ? Non ? Les boules de geisha des ragnagnas… Toujours pas ? Tu te glisses une cloche en silicone dans le vagin pour recueillir tes menstrues. Plus économique, plus hygiénique, plus écolo… Alors ?
Je t'en supplie ta gueule. Je peux déjà plus courir. Là j'crois que je vais vomir !

Vive le sport

Avec ma trouvaille des années 90, je viens d'économiser 5000 doll' pour me faire un cul en grain de café et des abdos de déesse.

Plus rentable... Moins fatigant. La quintessence de la femme multitâche.

Oups !
Et si une goutte de Chablis
mbait sur l'électro stimulateur,
est-ce que je mourrais ?
Oh... et puis merde ! Allez Tchin les gars...
ceux qui suent toute l'année dans des effluves
de poireaux pour un résultat équivalent.
ET VIVE LE SPORT !

Coco Chanel disait "Personne n'est jeune après 40 ans mais on peut être irrésistible à tout âge". Qu'est-ce que t'en penses ?

TAXI
Je pense que Coco Chanel n'a jamais croisé ma belle-mère.

Steph a commandé une paupiette

J'avais plus d'envies.
Je me trouvais moche et grosse.
Mes copines m'ont remontée à bloc.
Elles m'ont convaincue
de m'inscrire
sur adopteuncum.com.
Et ça a donné quoi ?
Ben...
J'ai rencontré quelqu'un !
43 ans.
Il vit moitié à Paris,
moitié à Milan.
Chef d'entreprise.
Une fille de 5 ans.
Le top.

Cool.
T'as tout gagné.
Montre.
Waouuuuh...
Complètement ton genre.
Un Apollon milanais !
Et !!!
Eh bien...
150 tchats et 350 sms plus tard
avec the rital of my life...

dont... échange de moult photos, ro est pris.

Je suis excitée, je file me faire…

épilation, beauté des pieds,

beauté des mains,

massage antirides hydratant,

coiffeur… plus un peu de culture.

J'ai 30 minutes pour enfiler une robe,

des talons et briefer la baby-sit.

Je fonce, je suis en nage

Je suis en avance... quelle quicho !

Aaaah, je l'ai bien mérité !

J'attends mon Apollon milanais...

Ciao Bella...

Je suis perdue dans mes fantasmes...

Excusez-moi, j'attends quelqu'un... !!
Tou é pas Stéphanie ?
Euuuuuuh. Si.
Yé suis Giovaanni.

Ce n'est pas mon Giovanni. Pas possible.
Je suis face à une paupiette de 1,10 m.
Je gagne du temps... J'échafaude un plan...

ET MERDEEEE !
Tou é bellissima

Je souris niaisement…
Si t'es morte de faim, adopte la paupiette.
Là, c'était pas le cas.
J'allais quand-même pas me gaspiller.

La barbe

On dirait que t'as de la barbe.
De la barbe ? Tu veux dire de la moustache ? un duvet sombre... ?
Non, de la barbe... là, sur le nez.

SUR LE NEZ ?
Oui, ça fait comme papa quand il s'est rasé.

Allo Sandy ! C'est ça oui, un nettoyage de peau... Aujourd'hui, c'est possible ?... Bien-sûr qu'on fait le soin repulpant revitalisant. J'veux la totale. Sourcils, moustache, barbe, ongles. TOUT !
Salut.
B'jour.

Dis... tu pourras demander à Sandy de te mettre du beau-toc ? Zoé, elle m'a dit que sa maman elle est trop belle depuis qu'elle a plus de traits sur la figure.

Grisée - dégrisée

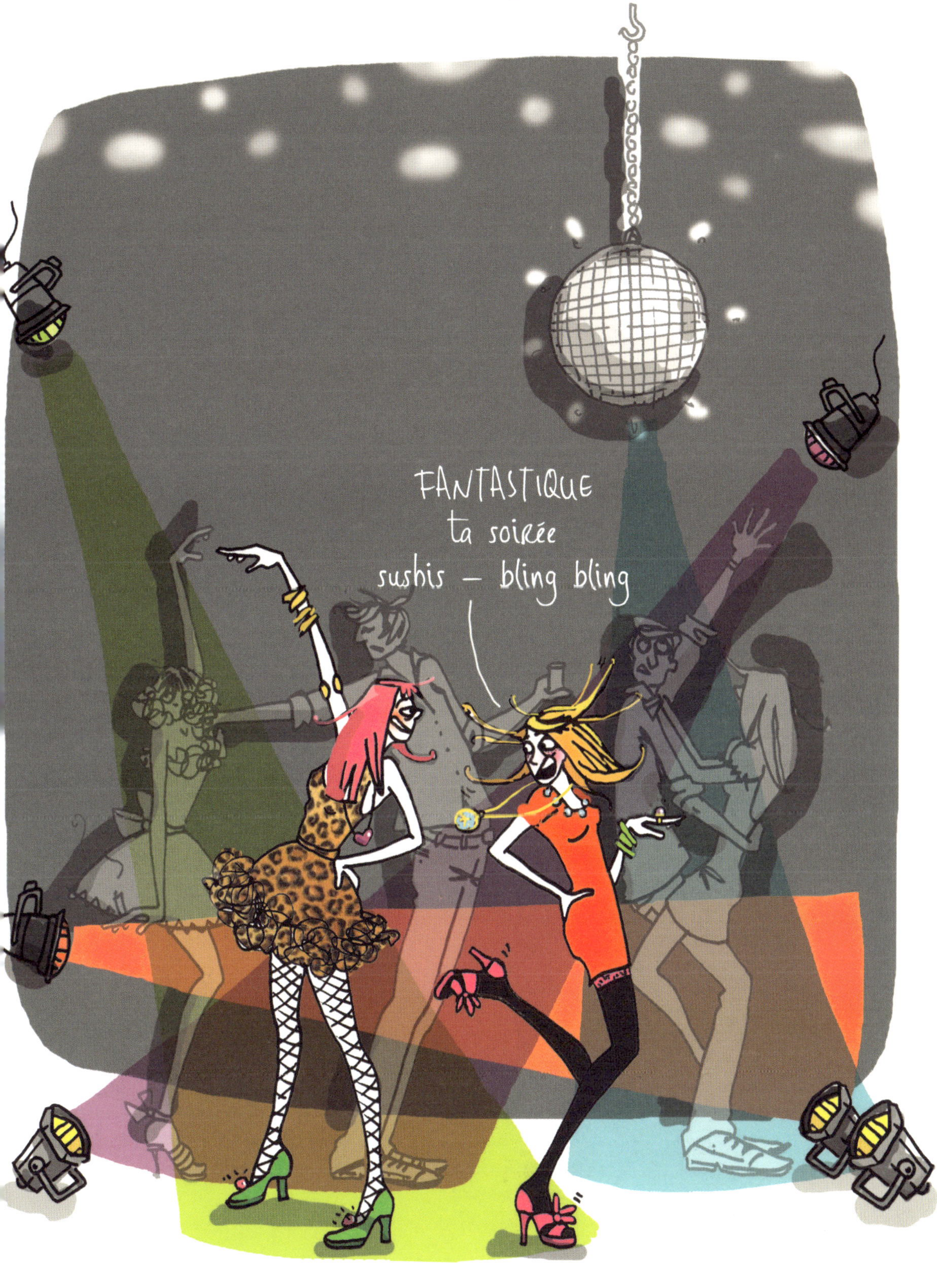
FANTASTIQUE
ta soirée
sushis – bling bling

You're sexy mother fucker... oléééé !
Vous me mettrez 3 mojitos siouplaît
Suis encore putain de souple...
T'avais dit qu'tu buvais pas... une... goutte !!

J'ai presque rien bu
OK vamos a casa

Et la baby-sit... Tu l'as prévenue ?
Meeeerde... la baby-sit... la fille de ma boss...
R'né ça fait combien, 25 heures à 9 euros ?

Bar attitude

Il y a une telle profusion de bars qu'on ne sait plus où donner de la tête...
Le Bar

Dans les nouveaux bars, on prend soin de soi…

Bar à chignons

My name is Marie-Antoinette...

Bar à chats

Je caresse des minous...

Bar à sieste

Plus jamais j'picole...

Bar à sourcils

Aïeee. Je vais la taper.

Bar à poissons

Merde, j'en a un qui flotte !

Bar à couture

Elle dépote ma Singer !

Bar à sourire

Pitié, faites-moi atterrir !

Bar à ongles

Je les veux multicolores

... ou on reste pilier de bar.

Bar à vin, bar tabac, piano bar...
Rien à faire, c'est ceux-là qu'j'préfère ! Point "bar".

Cri-oh-thérapie

RENÉÉÉÉ
tu peux m'aider ?
J'ai une tête terrible.
Une mutation entre un Shar Pei
et mon père ! Et j'ai rendez-vous
dans une heure avec le pape
de l'édition.
OUIII.
En urgence s'te plaît.
pporte-moi une bassine
avec 3 bacs à glaçons
et un peu d'eau...
our y plonger ma tête
pardiii.
NOOON.
C'est pas un truc
de névrosée.
Tu crois que
ça m'amuse
de mettre la tête
dans une eau
à **moins 12°** pour
retrouver figure
humaine ?

Blablabla… dépression frontale

C'est bizarre. T'as l'air étonné.
J'ai l'air étonné parce que je viens de me faire BOTOXER. Avant, j'avais tout le temps l'air en colère. Maintenant, j'ai l'air étonné. Que faire ?
Etonné, c'est mieux.
Là, tu te fous de ma gueule.
Mais non ! Dans un mois, t'auras plus l'air étonné.
Et dans deux, j'aurai de nouveau l'air en colère....

Plaisir d'offrir

Alors chéri...
tu prends de l'huile que tu chauffes bien dans tes mains...
T'en mets BEAUCOUP. Faut limite que ça dégouline...!
Ouais... Voilà... c'est bien...

Tu pars de la nuque, tu descends le long du dos avec les mains plaquées sur les côtés... jusqu'aux reins.
Ouiiiiiii... !
Oil

...et là tu m'empoignes les fesses, tu fais le tour avec tes mains bien à plat avant de remonter de chaque côté du dos.
Hmmm. C'est pas mal. Tu te débrouilles bien !
Ah ouais, tu trouves ?
SUPEEER. Et tu recommences ce mouvement de va et vient "dos-fesse" une bonne dizaine de fois. Un peu plus ferme quand-même mais souple en même temps.
Hééé le GPS... T'as appris ça où ?
Aux Bains du Mari.
C'est quoi ?
Le massage que tu m'as offert pour mon anniv'.
oil

Quoi ? J'ai payé pour que tu te fasses peloter par un gros dégueulasse. Et t'étais NUE ?
Non mais ça va pas ? Pour qui tu me prends ?
Alors dis-moi comment il t'a empoigné les fesses ce cochon. Il a glissé ses mains dans ta culotte ?
T'es DINGUE ou quoi ? Je portais un string en papier
T'es en train de m'expliquer que pour ton anniversaire, je t'ai offerte à un gros vicelard, nue et vêtue d'un STRING EN CRÉPON ? C'est un pur délire !!!
Mais calme-toi à la fin ! C'était juste un pur moment de DÉTENTE... !!!
C'est ça... L'année prochaine, je vais te détendre du string avec un bon vieux robot ménager.
OIL

Mens sana in corpore sano

Mmmmmmmm... ça fait du bien de s'étirer après une bonne journée de merde. Et dis donc, c'était pas aujourd'hui ta mammo ?
Si si... J'ai cru que j'allais perdre un sein. Avec mon bonnet A, j'ai eu droit à une écrasée de tétons...

La montagne, ça vous gagne

Attends, j'te raconte le ski ! Tu sais comment c'est. Avant tu fais le tri : 10 paires de lunettes, 5 casques, 20 paires de chaussettes, les crèmes solaires, les cache-cols, les chaufferettes... René lui s'en fout comme de sa première polaire. Il charge tout le merdier quand c'est bouclé...
Et c'est parti pour rouler des heures comme des débiles, enchaîner 200 virages et essuyer les vomis sur la banquette arrière. Le Very Bad Trip s'achève.
On est cuits mais au sommet !
Tu m'aurais vue : je me transformais en mule le matin, en baudet l'après-midi. Mon petit monde me suivait avec la morve au nez et une humeur de merde. "Maman, j'ai trop peur. Je peux plus me relever. J'ai mal aux pieds. J'ai froid." J'étais au bord d'exploser mais je me suis dit : non, pas avant le premier remonte-pente.

Je me suis reprise : allez, arrête de te plaindre la MORUE.
Parce que pendant qu'y en a qui sucent des glaçons, je trace en mode free style dans la blanche ... 2 heures par jour : ESF, JE TE RENDS GRÂCE ! Quelle chance on a, je répète en boucle. Ce soleil. Cette neige ! Ce panorama. Parfois même, je pousse des cris de joie en dévalant des pistes.
Mon René me susurre à l'oreille : " J'ai l'impression d'être avec ma ames Bond Girl. " On s'embrasse sur le télésiège parce que j'aime bien lui faire des bisous quand il est frais. Ohhh des transats libres. Oui. Va pour un petit vin chaud...
Tchin tchin. Je ferme les yeux. Je hâle. Je rechausse. Clac clac. Je dévale. Ça glisse tout seul...
17 HEURES. BACK TO REALITY.
" On va la retrouver ta moufle, chéri. Tiens, mouche-toi. T'as encore faim ? On va racheter des doigts coupe-faim. Donne-moi tes skis ma Zézette. "

Tu visualises le local à ski au 2ème sous-sol ?
Bon... Je cherche le petit placard longiligne au bout du couloir qui pue d'une force exceptionnelle.
Les 3 morveux me suivent en traînant leurs pieds de cosmonautes comme après une journée de travaux forcés. Je fouille les 22 poches de mon Goretex de compét' pour mettre la main sur la minuscule clé de la consigne. Je rentre les skis par paires. Je suis en nage. "Maman j'ai soif." Ta gueule. Je m'apprête à refermer le bazar et Vlan ! Les skis du petit qui tenaient en lévitation se séparent entraînant dans leur chute les autres skis et bâtons.
J'te l'dis moi. Va chercher bonheur à la montagne et repars... avec 5 kilos de tartiflette dans les hanches et 35 kg de linge sale.
Moi qui rêvais d'une semaine en altitude... tu me mets le doute là !

Putain de BORDEL de chier merdeeee !!! RENÉÉÉÉ
Au secours, je suis blesséééee ! minuterie ?

La journée des mots doux

Allez...
Laisse la vaisselle chérie,
c'est la journée de la femme !!!
Tu feras ça demain !

La journée des cadeaux

"Aujourd'hui 8 mars, livraison gratuite chez Monop'. Tapez le code FEMME 1 pour en bénéficier." Infâme tu veux dire. Carrouf' me fait en sus "un package PQ, tampons, éponges à moins 50%" !!
Waououh. Je me sens trop valorisée. Carrouf' ou Monop' ? Et le livreur, il range les provisions dans ta cuisine avec une plume dans le cul ?
2012
2011
2010
TO DO LIST

La journée des enchaînées

"Love you !
C la journée des femmes.
Si toi aussi tu es super sage,
tu ne râles jamais, tu as
un caractère de rêve
et quand tu pètes ça fait
des paillettes...
Bonne fête !!!
Passe ce message à chaque
belle femme que tu connais.
Dans 25 mn quelque chose te
rendra super contente."

La parfaite connasse
est de retour...
Consternant...

La journée des grandes révélations

TOUT ÇA POUR ÇA.
PRESSE
L'EPRESS
Encore un de ménage par jour
Les Echos
Salaires : -28% que les hommes
MATCH
Toujours plus de femmes PAUVRES ...!
ELLE
à travail égal salaire égal !
PRESSE
Madame
Une femme battue meurt tous les 3 jours
BIBA
3000 viols par ans au travail
GLAMOUR
Il faut lutter CONTRE les inégalités
VOGUE
Le 8 Mars c'est toute l'année
belle
jolie

FUCK la journée de la femme !
J'ai décidé de me FÉMENiser.
FUCK

Jeune geek…

J't'assure… À 40 ans et des microns, on est au top.
Moi je me sens complètement dans mon époque. Je blogue,
je poste, je poke et je like sur Facebook, je twitte et je
re-twitte le tweet d'un de mes favoraites pour en faire profiter
mes followers qui vont eux-mêmes sharer mon tweet retwitté.
Je passe mes nuit à piner sur Pinterest.
Bref, je gazouille comme une pro. Une papesse de
la diffusion virale. Tout pareil que les djeun's. Mais en mieux.
J'ai plus le lait qui me sort de partout.
I am young AND experimented.
MAMAAAN ?
FACE BOOK
SKYPE

… ou vieille bique

Toi qui es vieille maman, t'as déjà vu Jeanne d'Arc. ...... !!???

QUOOOOOI ?!!?
Y'avait la télé couleur à ton époque ?

Maman, est-ce que LES JEANS, ça existait quand t'étais petite ?

T'as eu ton premier portable À 25 ANS ? Non mais l'hallu quoi ?!!? Comment tu faisais pour draguer ?

La guitare électrique, ça existait dès votre naissance ?

Vos chaussures, elles étaient en quoi quand t'étais enfant ? En bois ?

Sachez les enfants, qu'au temps des Romains, la mère n'avait cure de l'éducation de sa progéniture. Adressez-vous à votre tuteur pour les devoirs, à votre esclave pour le reste.
AVÉ !
Et quand t'avais mon âge, est-ce que Paris s'appelait LUTÈCE ?

Le guide a dit :
Prends cette route du sable
t marche vers ton âme."
sens le chemin initiatique,
'harmonie du mouvement
sur ton corps ?
Là j'sens que
la couture de mon short.
Il est passé où le guide ?

Fantasme(s)

J'ai envie de passer 2 heures aux toilettes avec un magazine, de partir en week-end sans me demander comment caser les gosses, de ne pas savoir à quoi ressemble un carnet de santé ni quelle est la tronche des profs, de me plaindre comme une chochotte quand j'ai un rhume, de faire l'amour tous les jours, de mater en terrasse…
M'enfiiin. C'est quoi ce trip complètement régressif ?

J'ai envie d'être UN MEC !
N'importe quoi ! 2 heures aux chiottes avec un magazine ! Tu parles d'un kiff'. Moi... j'ai des vrais fantasmes de fille. Je t'explique...

Chouchouuuuu !!!
Tu sais où sont mes chausséééettes ?
Dans ton c..
mon Jean-Mich'
NON

C'est tellement bon... Ce petit NON qui libère.
Comme un bout de fantasme en voie d'assouvissement. J'apprends à dire NON. Un joli NON qui n'agresse ni l'autre, ni ma conscience. Ces dix dernières années, j'ai vécu 8 vies, toutes à bloc : femme de ménage, cuisinière, working girl, sexy motherfucker, confidente des âmes égarées, répétitrice... Maintenant je dédramatise. Mon fantasme c'est d'avoir une vie qui me ressemble, d'approfondir mon surmoi. Je veux faire ce qui compte vraiment à mes yeux. Pour ressentir ce goût exquis de la liberté...
Qu'est-ce qui te prend ? T'as fumé ou bien ?
Non, j'ai grandi. Je suis comme au début d'une grande aventure... MA VIE !

Steph passe à l'attaque

Attends avant de me raconter ton trip dans le désert. Il m'en est arrivé une bonne... Tu vois ma pote Caro ?
Bon ben... la Caro... elle m'a chauffée à bloc l'autre jour... du genre... Fais-toi plaiz'. Tous les hommes se retournent sur toi. Profite. T'es libre !!! Recentre-toi sur ton moi. Largue ton sac de culpabilité. Oublie un peu les gosses. ALLEZ ! Tu viens ce soir à mon vernissage
Et me voilà 2 heures plus tard déguisée en Barbie un peu pute sur les bords.

Dès mon arrivée le charme opère. Je vois Jude. Il me regarde. Je le regarde. Il me regarde. Je le regarde.
Bref, on se kiffe. C'est dans la poche. Caro a raison. Je suis **irrésistible.**
Je chope une "dayte". Je plante Caro. J'me casse. J'me la pète. J'me dis : t'as plus que 2 jours pour te raffermir...
Deux jours et huit heures de muscu plus tard... J'peux plus m'asseoir mais je suis motivée comme une bête. Ce soir J'EMBALLE.
J'arrive au LOSTES... !
Il est là, accoudé au bar. On boit des mojitos. Il est beau... le feeling passe très bien. Nous avons le même humour, on aime les mêmes endroits, même musique... Ça matche d'enfer. Je bois des mojitos, encore des mojitos. Il me complimente, je surenchéris, il éclate de rire, j'éclate de rire, il rougit, je rougis.
LOVE IS IN THE AIR !!!

J'sais pas ce qui me prend. Est-ce que c'est Barry White ? Est-ce que c'est le Mojito ? Je me jette sur lui, prête à l'embrasser à bouche que veux-tu.
Pas du tout ma pauvre... Il avance sa main droite en signe de NO WAY et me dit "je crois que tu t'égares".
Humiliée pour humiliée, j'ai recommandé deux mojitos, j'ai pris mon mal en patience 7 verres plus tard, j'étais à poil sur le BAR... !

À toutes les femmes qui trouvent leur copine super bonne, je vous fais un gros FUCK
And don't think I'm a MILF *
Chuuut.
OH !!!
Taisez vous !
Ta gueule la ferme ...!
*Mother I'd Like to Fuck

Suite à certains remaniements,
nous avons mis en place un programme
formation " jeunes talents "
pour vous aider à étendre votre
domaine de compétences
et faciliter votre reclassement.
Au vu de votre parcours,
vous devez pouvoir y prétendre.
Aaaah...
bien

Vous avez quel âge ?
Hmmm... 40 ans.
Aaah dommage, les formations "jeunes talents", c'est jusqu'à 38 ans.
Attendez !!! C'est quoi cette logique de talents ? Expérience, dynamisme, compétence, personnalité... ça vous dit quelque chose ? À 25 ans, on est "Trop jeune". À 30 ans, "Trop occupée". À 35 ans "Trop trop trop occupée". Et passé 40 ans, "Bim ! Au placard".

Et pourtant... Ma créativité trouve enfin son espace.
Je suis dans le pucelage de la maturité,
je hiérarchise les priorités,
je sais gérer la gastro de mon fils à distance et
signer le contrat de la muerte tout en assurant un dîner
rubis sur l'ongle de 12 personnes le soir même...
Je trouve même le temps de faire du pilates et du yoga bikram...
Ma tonicité physique et mentale est à son comble...
... c'est un talent exceptionnel
qui vous échappe.
Mais vous... ça vous
fait quel âge ?
52 ans

Il est loin le temps où l'on pouvait...
quand vient le temps où l'on pourrait... Vous ne trouvez pas ?
Bon... mon talent S'IMPATIENTE... Bye byyyyye

Blablabla... herbes folles

Qu'est-ce que tu ferais si tu pouvais voler ?
Je pourrais surveiller les enfants à l'école et René au bureau.
C'est pour ça qu'on ne donne pas des ailes aux blondes.
Et sinon, t'as déjà attrapé un papillomavirus ?
Non, je trouve que c'est plus facile d'attraper des coccinelles... !
CHIPS

Hiatus générationnel

Trop pas frais
ces bonnets de nuit... là.
Z'ont tellement plus rien
à se dire qu'ils sont
obligés d'aller au restau
avec leur bouquin
et leurs petits journaux.
Ohhhh la loose.
LE COOL

Hééé, chou…
Tu te souviens quand on
se foutait de la gueule
des vieux
qui lisaient au restau ?

On retourne à l'hôtel my love ?

Walk of shame

Je suis bonne pour l'amputation.
Mort aux LOURBOUTIN

RAS LE BOL !
J'VAIS
MOURIR

Tu vas pas me croire. Jojo a chopé des poux...
J'en ai encore pour 3 bonnes semaines !
À enchaîner les traitements de pouckchitdecrioflemmedecramtif'
de je t'en foutrai du parachoux d'mes ch'veux.
Sur tous les flacons, on lit les mêmes bobards "TUE lentes et poux EN UNE SEULE FOIS".
On serait pas en train de se foutre un peu de notre gueule ?
D'où t'as vu qu'on éradiquait la vermine capillaire en une seule fois ?
...
Ouais. J'dis pareil à maman.
C'est fini la Marie-Rose !
Maintenant, t'as un budget poux et un loisir poux.
– T'as lu le dernier Paul Auster
– Ah, ben non, pas l'temps.
– Et le dernier Almodovar, tu l'as
– Non plus, j'fais des soirées poux
Je lave, je peigne, j'inspecte, je sèche
Ça dure des heures
C'est extra !
TROP UNE VIE DE OUF LA MEUF.
J'éclate les lentes par centaines et je noie les poux par dizaines.
Le lave-linge est en boucle.
Tout y passe.
Manteaux, doudous, oreillers, couettes.
Tout ce qui est maxi-chiant et encombrant de préférence.
Les petites culottes, les chaussettes, les torchons de cuisine...
il s'en fout le pou.
ANTI POUX

Après tant d'efforts, je me dis que ça va sentir meilleur que chez la Mère Denis mais PAS DU TOUT.

MES ENFANTS PUENT...

... l'huile essentielle de lavande, fameux répulsif de grand-mère s'il en est, que je leur colle scrupuleusement pendant des semaines derrière les oreilles. Jusqu'à ce que je me lasse, que les poux reviennent ou que René me surprenne.

– Chérie,
je crois que ça me gratte
là, derrière l'oreille,
u voudrais pas jeter un œil ?
– Là tout de suite ?
Faire le tri entre tes pellicules
et tes lentes à minuit ?
Au-dessus de mes forces
beau gosse.

On n'attrape pas les mouches avec du vinaigre. Je saisis bien la feinte du gaillard qui rêve de son petit gratouillis capillaire sous prétexte d'épouillage... 8 jours après, il avait contaminé toute la maisonnée.

À bout, j'attaque la directrice
"c'est quoi tous ces pouilleux ?
Mettez-les en quarantaine. Fermez l'école.
RASEZ-LES !"
Elle a eu la phrase qui tue tout sauf le pou :
"Mais réjouissez-vous Madame.
Si vos enfants ont des poux, c'est qu'ils
ont des AMIS."

J'te jure.
e suis partie en courant avant
de commettre l'irréparable.

Attends, faut absolument
que je raccroche là.
J'ai le cuir chevelu en feu.
un coup à finir chauve si je ne
me rince pas. Allez Tchou'.

Blablabla… le scaphandre et le nichon

Tu l'as vue passer la Nabila ?
Moi aussi avec 4 prothèses, je peux te faire un tour de magie.
Allez viens on va se baigner.
Non mais Allô ?! Y'a Nabila qui fait demi-tour ! Il est où mon SCAPHANDRIER ?

Steph dans les étoiles

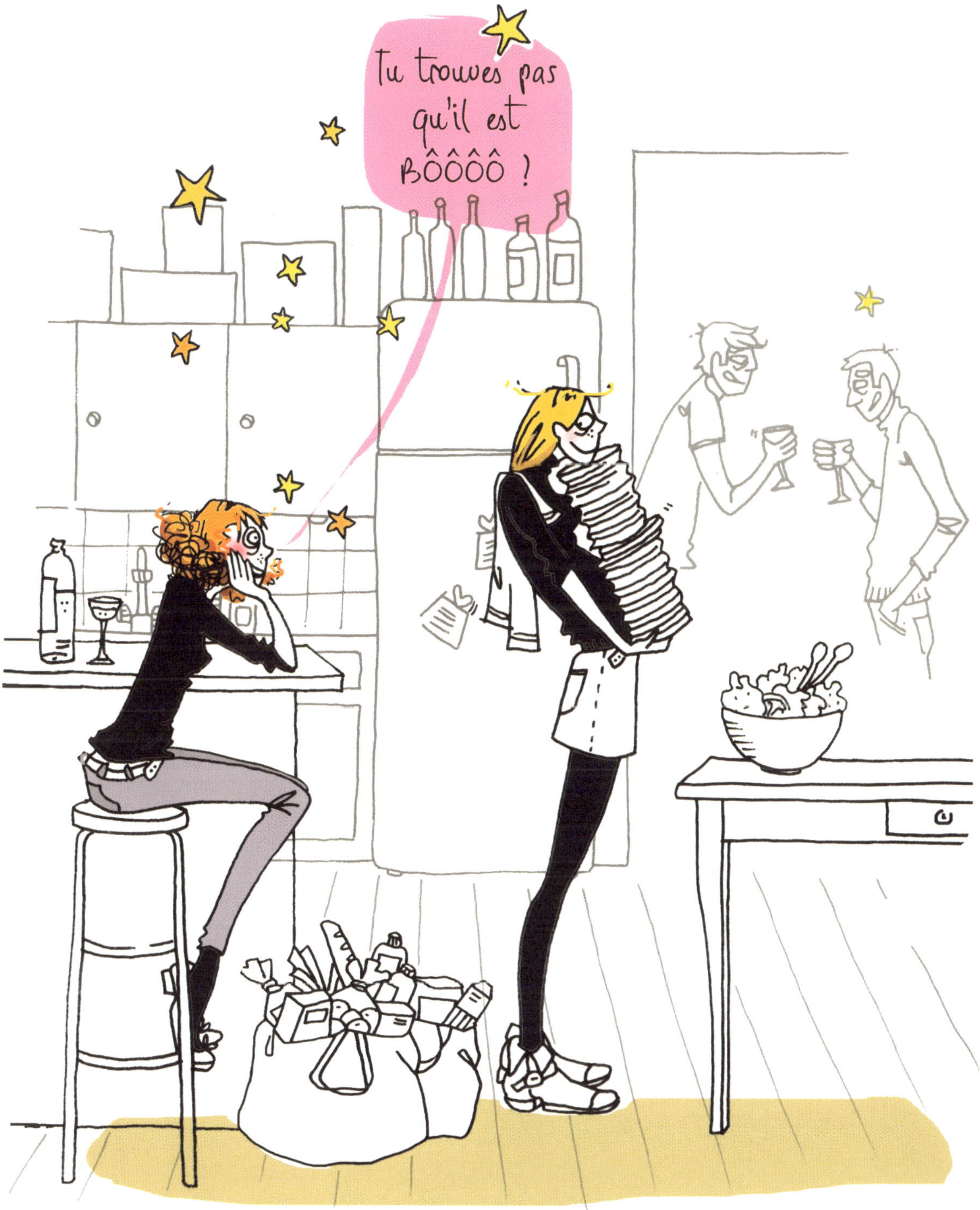
Tu trouves pas qu'il est BÔÔÔÔ !

J't'ai pas dit... Le père de mes enfants et Ludo se sont parlé au téléphone. Thanks god, ça s'est bien passé ! Le Ludo, il était tellement tendu de l'avoir en ligne qu'il s'est complètement planté sur les jours. Il lui a proposé de prendre les enfants ce week-end aussi. Comme je les avais déjà cette semaine parce qu'Hugo était malade, que la semaine prochaine, c'est ma semaine et donc mon week-end, je me suis fait squeezer ce week-end. La tuile.
T'as pigé ?
Pas sûre nan !

Ben siii. C'est comme d'habitude, chacun "mon" week-end. Alors que moi, j'avais prévu un week-end torride dans une cabane perchée dans les arbres.
Mais les enfants de Ludo, pourquoi ils sont là aussi ?
Son ex n'est pas venue les chercher...
Donc, t'annules ton plan love dans les étoiles ?
STEUPLÈÈÈÈ, tu peux nous les garder ?
Quoi ? Les 5 ? Mais....

je savais que je pouvais compter sur toi... !!

LUDOOOOO.
C'est booon.
Ils sont OK pour garder les enfants ce week-end !!

René. J'ai un truc à te demander. Jure-moi que **jamais** tu ne me quitteras.
Jamais mon chou. J'ai plein de projets pour nous !

Dis chou...
Tu me fais
un autre bébé ?

Tu devrais pas
me pousser à bout !
C'est pas bien
PRUDENT

...et Jean-Mich' qui me dit en courant "allez ma gazelle accroche-toi. Encore un tour."
Mais accroche-toi à quoi ? Au pinceau ? J'enlève l'échelle ? Viens on se planque derrière un arbre, on se fume une clope.

Rien ne se perd… même le bouc

Salut ma copine. Aaaaah. Si tu savais... Ces 3 semaines en Inde, c'était FANTASTIQUE. Je me suis reconnectée. J'ai appris comment soigner les dartres avec de la bave de limace.
.... et quelques suppos d'ananas !
Oh putain merde. La mutation... !!!

Arrêêête. J'rigole pas. On est tous en communion avec la nature et les gens ne le réalisent pas. C'est un remède universel aux maux universels. Tout comme le feng shui est le secret de la circulation de l'énergie dans son intérieur. Quand tu as compris qu'un lit mal placé peut te pourrir la vie, qu'une lunette de toilettes relevée peut provoquer une banqueroute... tu te dis que tu peux aider beaucoup de monde.
Oh la la la la la. Qu'est-ce qu'ils t'ont fait là-bas... !!
WELCOME

Te fous pas de moi.
J'ai trouvé ma vocation.
Je plante mon job.
Je vais être architecte feng shui.
Architecte feng shui ?
ça existe même pas.
Ben justement. Création de poste.
Archi d'intérieur, home stageur, décorateur.
C'est fini tout ça...
À propos,
tu m'as rapporté
ta fameuse poudre
magique ?
Mieux que ça. Je t'ai ramené
des graines à base de couilles de bouc.
WELCOME

En mode groseille

3 heures du mat

Hé chouchou.
On s'en est collé une bonne, nan ?
Grave...
Quand j'pense qu'on est levés dans 3 heures...

7 heures du mat

OUIN, OUIN, BIBEROOOON... OUIIIIIN !!!
Lève-toi. J'vais décéder.
J'peux pas.
J't'en supplie. Vas-y! Les mojitos m'ont cramé le cerveau. Elle va réveiller tout l'immeuble.

7 heures 15

BIBOOON. BIIIIIBON... ! OUUUH...
L'enfer ! Jamais plus je picole !
rrrrh, rrh, rrrrrrrh

7 heures 30

OUIIIIIIN...
OUIN !
Allez... une p'te gâterie ce soir si t'y vas.
... okaaaaay. C'est bon... t'as gagné.

10 heures 30

Mais René ! Qu'est-ce que tu fous putain ? Tu la surveilles même pas.
Oh ça va Sue Ellen ! C'est qui qu'y a tout gér pendant que maman cuvait ? C'est Bibi !

Le ridicule ne prend pas de rides

En rouge et noiiiiir,
j'exilerai ma peuuuuur
J'irai plus haut que ces
montagnes de douleuuuur
En rouge et noiiiiir,
j'afficherai mon cœur
En échange d'une trêve
de douceur
EN ROUGE ET NOIIIIIR

L'hiver indien

Enfiiiiin... le soleil !!!
...Voilà l'été,
voilà l'été...
voilà l'été oh ehhh.
Et hop.
Une douche solaire
maison...
KIT SOLE
Sandales ? Tropéziennes ?
Compensées découvertes ?
Ouuuuh, le nasty choice
cornélien !

Sous le
soleil...
Je me sens
belle...

mmm mmm
mmm
mmm

...tellement
heureuse...

...et
amoureuse...

Aujourd'hui
tout est permis.
Déj en terrasse
et mojito à l'apéro...
Avec mon R'né... ce soir...
ça va CHAUFFER...

L'anticyclone des Açores s'est fait la malle.
La température ressentie est de 10°C. L'enfoiré... Il m'a ruiné ma soirée !!

Délit de bonne gueule

DRIIIING
Eeeeh ooooh Quelqu'un peut ouvrir ? Je ne ressemble à rien là !
J'peux pas ouvrir love. Je suis sous la douche !!
MASQUE

C'est quoi c'te **bombasse** !
Bonjour, je peux vous aider
Oui bonjour... Je suis Olga. Je venirrr pourr garrrder enfants ces vacances !

Ah, ah... heu
Aaaah ben non.
C'est pas ici.
Vous faites erreur.
Désolée... !
Pas d'enfants ici.
Et... bonne chance.

C'était qui
chériiie... ?
Une erreur...
Les témoins
de Jéhovah
MASQUE

En juin, fais pas le malin

Elle est où la chef de la kermesse ? Que je lui fourre de la BARBAPAPA dans les trous de nez avant d'étouffer la bande d'enragés accros au rose fluo.
J'étais là la première !
Sale menteuse !
MOOOOI m'dame.
Nooon, c'était mon tour !

La fête de l'école, la pire teuf de ta vie tu endureras.

Et en plus,
ça te pompe ton fric
en expliquant aux élèves
que c'est à eux
de faire le trottoir.
Belle mentalité !
TOMBOLA

Les tickets de tombola, tu monnayeras.

Popotes en alu, pompes
de rando, tapis de sol, sac
de couchage... ou comment
les équiper comme des
randonneurs pour dormir
8 jours sous la tente.
Ça fait cher la veillée
et les deux silex.

Aux scouts, ton budget soldes tu sacrifieras.

Connasse
Oui. Un certificat d'aptitude au hip hop pour Jojo, à la danse pour Zézette, à l'escrime pour Doud' et... ? COMMENT ? Le Dr Maboule doit TOUS les revoir ? Le 10 AOÛT à 15 heures !!!

Les inscriptions aux activités, tu anticiperas.

Montant du revenu imposable divisé par le coefficient familial auquel on retire la ristourne dès le 3ème enfant... ? C'est quoi ce charabia ?
Renéééé !!
Allez. Sors faire un tour la blonde. Ça te remettra les neurones en place.

Aux frais de scolarité, que dalle tu bitteras.

Loulou,
tu me jures que
tu n'es pas le seul
cochon de la classe ?

Les spectacles de fin d'année, tu subiras.

Qu'est-ce que j'avais
décidé avec moi-même ?
Un rond ou une croix
quand ça manquait pour
Jojo ? À moins que ce soit
pour Zézette...
PS
CP
CM2
CE1

Les fournitures scolaires, tu maudiras.

30 juin

La goutte d'eau !

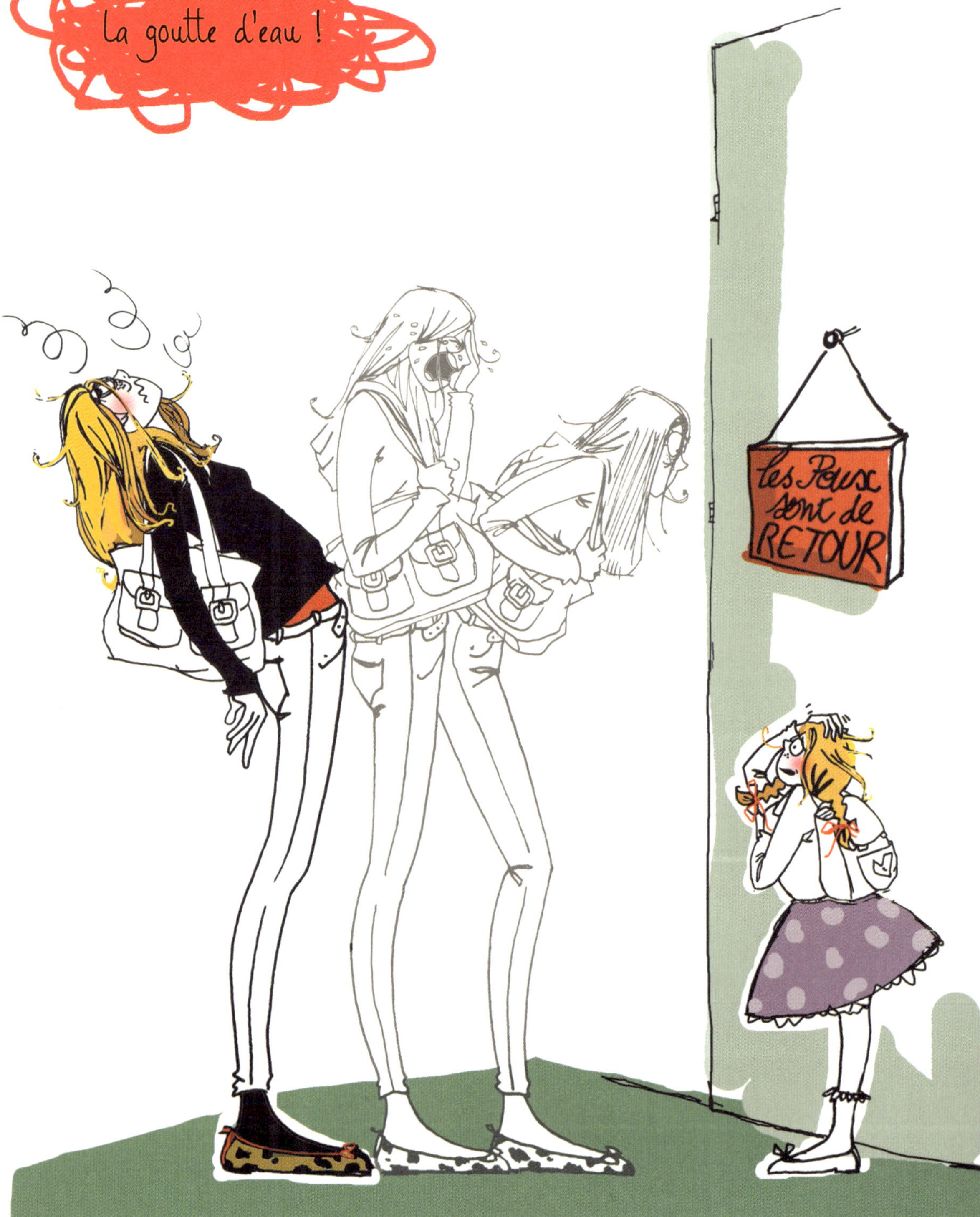
Les Poux
sont de
RETOUR

Vole, vole, vole…

Papaaa...
Mmmmmm
Pffffffff...
ça mord ?
Hé ho,
un peu de patience
la jeunesse.

La patience,
je l'ai perdue
quand j'ai accouché.
VISTAVIE

De toute façon, votre génération passe plus de temps à dire qu'elle n'a pas le temps, qu'à le prendre.
Regarde cette prise. On va se faire une de ces bouffes !
Papa. C'est quoi ton secret du bonheur ?
Il faut vivre à fond ce que l'on vit et ne pas avoir de regrets. C'est le seul grand secret !
VISTAVIE

Il a raison.
Je vais partir
peindre des girafes
en Australie...
VIST

Merci merci merci…

J'comprends plus là… c'est du yoga ou du pole dance ?
Fais gaffe… j'vais reculer…

Merci à nos "René" qui ont supporté les
"j't'en supplie, trouve-moi un titre",
et qui ont tenu bon pendant toute l'aventure.

Merci à nos 7 enfants, inspirateurs d'exception, qui ont appris
à grandir plus vite, parce que "maman fait un livre".

Merci à Marie, Hélène, Irène, Lætizia, Delphine, Diane, Alice, Charlotte
et les autres… pour leurs anecdotes croustillantes et leur bienveillance.

Pour ses bons mots qui pimentent la BD et les fous rires inoubliables
des soirées de travail, un very special Merci à Rachel.
Merci à Sophie pour son œil de créa qui nous a suivies
tout au long de l'aventure.
Merci à Géraldine qui a liké et sharé le lien de notre blog "les blablas
de clara", début de notre duo de choc textes-illustrations.

Merci à nos sœurettes chéries, Mélinda et Agathe, dont les critiques
parfois sans ménagement nous ont poussées dans nos retranchements.

Merci à nos papas pour leur jeunesse d'esprit et leur philosophie de vie.

Merci à Hélène pour son enthousiasme indéfectible, à Lisa et Olivia,
nos éditrices, qui nous ont permis d'exprimer librement notre créativité.

À tous qui de près ou de loin ont partagé notre projet,

merciiiiiii…

PAPIER À BASE DE
FIBRES RECYCLÉES

MARABOUT
s'engage pour l'environnement
en réduisant l'empreinte carbone
de ses livres.
Celle de cet exemplaire est de :
850 g éq. CO_2
Rendez-vous sur
www.marabout-durable.fr

Imprimé en Espagne
par Estella Graficas pour le compte des Éditions Marabout
Dépôt légal : avril 2014
ISBN : 978-2-501-08105-4
41.1765.1
Édition 01